WHY IS COMMUNISM A SUCCESS

E.J. RAEB

ISBN 13: 9781720285540

Blank Page

It's Not

It's Not

It's Not

It's Not

It's Not

It's Not

It's Not

It's Not

It's Not

It's Not

It's Not

It's Not

It's Not

It's Not

It's Not

It's Not

It's Not

It's Not

It's Not

It's Not

It's Not

It's Not

It's Not

It's Not

It's Not

It's Not

It's Not

It's Not

It's Not

It's Not

It's Not

It's Not

It's Not

It's Not

It's Not

It's Not

It's Not

It's Not

It's Not

It's Not

It's Not

It's Not

It's Not

It's Not

It's Not

It's Not

It's Not

It's Not

It's Not

It's Not

It's Not

It's Not

It's Not

It's Not

It's Not

It's Not

It's Not

It's Not

It's Not

It's Not

It's Not

It's Not

It's Not

It's Not

It's Not

It's Not

It's Not

It's Not

It's Not

It's Not

It's Not

It's Not

It's Not

It's Not

It's Not

It's Not

It's Not

It's Not

It's Not

It's Not

It's Not

It's Not

It's Not

It's Not

It's Not

It's Not

It's Not

It's Not

It's Not

It's Not

It's Not

It's Not

It's Not

It's Not

It's Not

It's Not

It's Not

It's Not

It's Not

It's Not

It's Not

It's Not

It's Not

It's Not

It's Not

It's Not

It's Not

It's Not

It's Not

It's Not

It's Not

It's Not

It's Not

It's Not

It's Not

It's Not

It's Not

It's Not

It's Not

It's Not

It's Not

It's Not

It's Not

It's Not

It's Not

It's Not

It's Not

It's Not

It's Not

It's Not

It's Not

It's Not

It's Not

It's Not

It's Not

It's Not

It's Not

It's Not

It's Not

It's Not

It's Not

It's Not

It's Not

It's Not

It's Not

It's Not

It's Not

It's Not

It's Not

It's Not

It's Not

It's Not

It's Not

It's Not

It's Not

It's Not

It's Not

It's Not

It's Not

It's Not

It's Not

It's Not

It's Not

It's Not

It's Not

It's Not

It's Not

It's Not

It's Not

It's Not

It's Not

It's Not

It's Not

It's Not

It's Not

It's Not

It's Not

It's Not

It's Not

It's Not

It's Not

It's Not

It's Not

It's Not

It's Not

It's Not

It's Not

It's Not

It's Not

It's Not

It's Not

It's Not

It's Not

It's Not

It's Not

It's Not

It's Not

It's Not

It's Not

It's Not

It's Not

It's Not

It's Not

It's Not

It's Not

It's Not

It's Not

It's Not

It's Not

It's Not

It's Not

It's Not

It's Not

It's Not

It's Not

It's Not

It's Not

It's Not

It's Not

It's Not

It's Not

It's Not

It's Not

It's Not

It's Not

It's Not

It's Not

It's Not

It's Not

It's Not

It's Not

It's Not

It's Not

It's Not

It's Not

It's Not

It's Not

It's Not

It's Not

It's Not

It's Not

It's Not

It's Not

It's Not

It's Not

It's Not

It's Not

It's Not

It's Not

It's Not

It's Not

It's Not

It's Not

It's Not

It's Not

It's Not

It's Not

It's Not

It's Not

It's Not

It's Not

It's Not

It's Not

It's Not

It's Not

It's Not

It's Not

It's Not

It's Not

It's Not

It's Not

It's Not

It's Not

It's Not

It's Not

It's Not

It's Not

It's Not

It's Not

It's Not

It's Not

It's Not

It's Not

It's Not

It's Not

It's Not

It's Not

It's Not

It's Not

It's Not

It's Not

It's Not

It's Not

It's Not

It's Not

It's Not

It's Not

It's Not

It's Not

It's Not

It's Not

It's Not

It's Not

It's Not

It's Not

It's Not

It's Not

It's Not

It's Not

It's Not

It's Not

It's Not

It's Not

It's Not

It's Not

It's Not

It's Not

It's Not

It's Not

It's Not

It's Not

It's Not

It's Not

It's Not

It's Not

It's Not

It's Not

It's Not

It's Not

It's Not

It's Not

It's Not

It's Not

It's Not

It's Not

It's Not

It's Not

It's Not

It's Not

It's Not

It's Not

It's Not

It's Not

It's Not

It's Not

It's Not

It's Not

It's Not

It's Not

It's Not

It's Not

It's Not

It's Not

It's Not

It's Not

It's Not

It's Not

It's Not

It's Not

It's Not

It's Not

It's Not

It's Not

It's Not

It's Not

It's Not

It's Not

It's Not

It's Not

It's Not

It's Not

It's Not

It's Not

It's Not

It's Not

It's Not

It's Not

It's Not

It's Not

It's Not

It's Not

It's Not

It's Not

It's Not

It's Not

It's Not

It's Not

It's Not

It's Not

It's Not

It's Not

It's Not

It's Not

It's Not

It's Not

It's Not

It's Not

It's Not

It's Not

It's Not

It's Not

It's Not

It's Not

It's Not

It's Not

It's Not

It's Not

It's Not

It's Not

It's Not

It's Not

It's Not

It's Not

It's Not

It's Not

It's Not

It's Not

It's Not

It's Not

It's Not

It's Not

It's Not

It's Not

It's Not

It's Not

It's Not

It's Not

It's Not

It's Not

It's Not

It's Not

It's Not

It's Not

It's Not

It's Not

It's Not

It's Not

It's Not

It's Not

It's Not

It's Not

It's Not

It's Not

It's Not

It's Not

It's Not

It's Not

It's Not

It's Not

It's Not

It's Not

It's Not

It's Not

It's Not

It's Not

It's Not

It's Not

It's Not

It's Not

It's Not

It's Not

It's Not

It's Not

It's Not

It's Not

It's Not

It's Not

It's Not

It's Not

It's Not

It's Not

It's Not

It's Not

It's Not

It's Not

It's Not

It's Not

It's Not

It's Not

It's Not

It's Not

It's Not

It's Not

It's Not

It's Not

It's Not

It's Not

It's Not

It's Not

It's Not

It's Not

It's Not

It's Not

It's Not

It's Not

It's Not

It's Not

It's Not

It's Not

It's Not

It's Not

It's Not

It's Not

It's Not

It's Not

It's Not

It's Not

It's Not

It's Not

It's Not

It's Not

It's Not

It's Not

It's Not

It's Not

It's Not

It's Not

It's Not

It's Not

It's Not

It's Not

It's Not

It's Not

It's Not

It's Not

It's Not

It's Not

It's Not

It's Not

It's Not

It's Not

It's Not

It's Not

It's Not

It's Not

It's Not

It's Not

It's Not

It's Not

It's Not

It's Not

It's Not

It's Not

It's Not

It's Not

It's Not

It's Not

It's Not

It's Not

It's Not

It's Not

It's Not

It's Not

It's Not

It's Not

It's Not

It's Not

It's Not

It's Not

It's Not

It's Not

It's Not

It's Not

It's Not

It's Not

It's Not

It's Not

It's Not

It's Not

It's Not

It's Not

It's Not

It's Not

It's Not

It's Not

It's Not